Pequenos
rituais para
o dia a dia

Dados Internacionais de Catalogação na Publicação (CIP)
(Câmara Brasileira do Livro, SP, Brasil)

Grün, Anselm
  Pequenos rituais para o dia a dia / Anselm Grün ; tradução de Ir. Clea Fuck. – Petrópolis, RJ : Vozes, 2014.

  Título do original alemão: Kleine Rituale für den Alltag
  Bibliografia
  ISBN 978-85-326-4814-3

  1. Espiritualidade 2. Oração 3. Prática religiosa 4. Vida cristã I. Título.

14-05180   CDD-248.48

Índices para catálogo sistemático:
1. Prática religiosa : Cristianismo   248.48

Anselm Grün

PEQUENOS RITUAIS PARA O DIA A DIA

Tradução de Ir. Clea Fuck

EDITORA VOZES

Petrópolis

© by Vier-Türme GmbH, Verlag, D-97359
Münsterschwarzach Abtei
Título do original alemão: *Kleine Rituale für den Alltag*

Direitos de publicação em língua portuguesa – Brasil:
2014, Editora Vozes Ltda.
Rua Frei Luís, 100
25689-900 Petrópolis, RJ
www.vozes.com.br
Brasil

Todos os direitos reservados. Nenhuma parte desta obra
poderá ser reproduzida ou transmitida por qualquer forma
e/ou quaisquer meios (eletrônico ou mecânico, incluindo
fotocópia e gravação) ou arquivada em qualquer sistema ou
banco de dados sem permissão escrita da editora.

Diretor editorial
Frei Antônio Moser

Editores
Aline dos Santos Carneiro
José Maria da Silva
Lídio Peretti
Marilac Loraine Oleniki

Secretário executivo
João Batista Kreuch

Editoração: Fernando Sergio Olivetti da Rocha
Diagramação: Sheilandre Desenv. Gráfico
Capa: Graciela Tocchetto

ISBN 978-85-326-4814-3 (edição brasileira)
ISBN 978-3-89680-541-6 (edição alemã)

Editado conforme o novo acordo ortográfico.

Este livro foi composto e impresso pela Editora Vozes Ltda.

Sumário

Prefácio, 7

Ritual da manhã: O sinal da cruz, 11

Sete rituais para a primeira semana, 21

Segunda-feira: Acender uma vela, 23

Terça-feira: Escrever uma palavra, 31

Quarta-feira: Contemplação de uma flor, 39

Quinta-feira: Partir o pão, 47

Sexta-feira: No caminho da via-sacra, 53

Sábado: Ouvir uma música, 61

Domingo: A experiência do silêncio, 67

Sete rituais para a segunda semana, 77

Segunda-feira: Meditar o próprio nascimento, 79

Terça-feira: Acompanhar o próprio anjo da guarda, 83

Quarta-feira: Agir com atenção, 89
Quinta-feira: Dar graças, 95
Sexta-feira: Abraçar o mundo, 101
Sábado: Enterrar coisas velhas, 107
Domingo: Meditar o sol, 113
Ritual da noite: Abraçar tudo, 119

Prefácio

É grande, nos dias de hoje, a necessidade de rituais. Em diversos livros eu já refleti sobre rituais e descrevi rituais concretos. Na presente obra me proponho ligar os rituais aos sete dias da semana.

Na tradição espiritual, cada dia da semana tem uma característica especial. De um lado, refletem os sete dias em que Deus criou o mundo. Em cada um dos sete dias da semana da criação Deus criou uma obra especial. Partindo dos dias da criação, cada dia da semana pode também lembrar-nos um tema diferente.

A tradição cristã estabeleceu uma ligação entre os dias da semana e a salvação por Jesus Cristo. Nessa forma de meditação destacam-se, sobretudo, os três últimos dias e também o primeiro dia da semana. A quinta-feira é o dia da instituição da Eucaristia, e na sexta-feira fazemos memória da morte de Jesus. O sábado é o dia do repouso no sepulcro, e o domingo, o dia da ressurreição. Mas a tradição da Igreja também ligou aos outros dias temas específicos. Na segunda-feira, a Igreja celebra a Santíssima Trindade; na terça-feira, os anjos, e, na quarta-feira, São José, o padroeiro do trabalho. O sábado não é somente o dia do repouso no sepulcro, mas é ainda dedicado, de modo especial, a Maria.

Assim, cada dia tem sua qualidade própria, e é essa qualidade própria que neste livro me proponho tornar vivencial através de rituais no cotidiano.

Escolhi rituais para duas semanas. Os caros leitores e leitoras são convidados a exercitar esses rituais ao longo de uma semana. Podem também alternar os rituais. Querendo, poderão limitar-se aos sete rituais que mais lhes agradam e exercitá-los semana por semana.

Os rituais pretendem ajudar-nos a considerar cada dia com a sua qualidade própria, e a começá-lo de modo tal que se torne um dia abençoado, que nele sejamos envolvidos na bênção divina. Os rituais matinal e vesperal, com que o livro começa e termina, poderão ser exercitados a cada dia.

Ritual da manhã
O sinal da cruz

Comece o dia com o grande sinal da cruz. Fique de pé e toque, consciente e atentamente, com a mão direita, a sua testa. Deixe que o amor de Deus penetre hoje todo o seu pensar.

Desça a seguir com a mão e coloque-a sobre o ventre. Deixe que o amor de Deus inunde a sua força, sua vitalidade, sua sexualidade, e imagine que Deus fortalece e purifica a sua vitalidade, tornando-a permeável ao seu Espírito.

Coloque agora a sua mão sobre o ombro esquerdo. Deixe o amor de Deus derramar-se no seu inconsciente, nas imagens que jazem adormecidas no fundo de seu inconsciente. Imagine como o amor de Deus ordena todo o caos interior da sua alma, como aclara as trevas e cura as imagens maléficas. Você também pode imaginar que o amor de Deus se derrama no seu lado feminino. Todos nós temos também um lado feminino, meigo, receptivo. O feminino pode oferecer proteção, mas também pode segurar. Ele faz a vida crescer, é uma força vital, mas também pode sufocar. Quando o lado feminino em nós é penetrado pelo amor divino, ele se torna uma bênção – para os outros e para você mesmo. Deixe o amor de Deus fluir também no seu coração, para que ele se aqueça na chama do amor divino.

A seguir, coloque sua mão sobre o lado direito. Deixe o amor de Deus derramar-se no seu lado consciente: em seu agir, sua força e suas decisões. O lado direito é o lado masculino. Ele pode gerar, mas também tiranizar; pode decidir, mas também pode impor. Quando o amor de Deus se derrama no seu lado direito, ele se torna uma força que move para o bem, que apoia e promove, que dá forma às coisas.

No sinal da cruz somos tocados pelo amor de Deus. Assim podemos sentir-nos totalmente acolhidos e penetrados pelo amor de Deus. Mas no sinal da cruz também dizemos "sim" a nós mesmos. Podemos aceitar-nos como somos, porque tudo em nós é aceito, tocado e envolvido pelo amor de Deus.

Podemos fazer o sinal da cruz em silêncio. Mas também podemos acompanhá-lo das palavras usuais em nossa tradição ocidental: *"Em nome do Pai, e do Filho, e do Espírito Santo"*. Então sentimos que é o Deus trino que tudo penetra em nós.

Podemos também unir o sinal da cruz com a fórmula proveniente da Igreja Siriana: *"Em nome do Pai, que me pensou e formou; e do Filho, que desceu às profundezas do meu ser humano; e do Espírito Santo, que torna o esquerdo direito"*.

Essa fórmula torna claro o que também com nossa fórmula ocidental breve queremos expressar: O Pai impregna o nosso pensar. Ele nos criou, para que criemos e formemos algo nesse mundo. Ele nos ajuda, para que, no seu Espírito, demos forma a este mundo. O Filho desceu até a nossa humanidade. Ele assumiu nossa carne. Ele caminha conosco. Ele desce conosco às profundezas do nosso inconsciente, para tudo penetrar e curar com seu amor. O Espírito Santo é o Transformador e Reconciliador. Ele transforma o escuro em luz, o inconsciente em consciência, o agressivo em amor, o caos em ordem. E Ele reconcilia em nós os diversos setores que nós mesmos não conseguimos unificar. Ele nos reconcilia com tudo que em nós existe. Assim Ele nos unifica, nos torna íntegros.

Deixemos a bênção de Deus encher os espaços de nossa casa. Passemos pelos nossos diferentes ambientes: o quarto de dormir, a sala, a cozinha, o escritório, o quarto das crianças. A bênção de Deus afugenta todo mau espírito e toda intriga que, por vezes, aninham-se nos aposentos. A bênção de Deus enche os ambientes de amor, de calor, de uma atmosfera de paz.

Continuemos com a bênção de Deus ao encontro do nosso dia. Que ela inunde as pessoas com as quais e pelas quais trabalharemos hoje: colegas de trabalho, clientes ou fregueses que atenderemos, também, e especialmente, aqueles dos quais preferiríamos fugir. Nosso encontro com eles será diferente hoje.

Podemos deixar a bênção inundar os ambientes em que trabalhamos: a fábrica, a empresa, o escritório, a loja. Isso nos dará a sensação, o dia todo, de que não entramos num mundo frio e estranho, mas em espaços abençoados, em que também as pessoas que aí trabalham ou fazem suas compras são abençoadas.

No Evangelho de Lucas (6,28), Jesus nos convoca a abençoar as pessoas que nos perseguem, ou – como também se pode traduzir – que nos amaldiçoam e falam mal de nós. Muitos acham que isso é pedir demais. Mas tentemos uma vez. Lembremos quem no momento nos causa problemas, quem preferiríamos não encontrar em nosso caminho. Deixemos a bênção de Deus envolver essa pessoa.

Se abençoamos os outros, não ficamos presos na atitude de vítimas. Não ficamos passivos, senão que reagimos ativamente. Enviamos a bênção divina e, com isso, uma energia positiva a essa pessoa. Isso nos faz bem a nós mesmos. Talvez nos sintamos mais livres, ou mesmo protegidos pela bênção de Deus. Não seremos mais a vítima que o outro feriu. Não precisaremos temer suas indiretas ou suas palavras ofensivas. Opomos a elas a energia positiva de Deus, que é mais forte do que a energia negativa de suas agressões.

Abençoando essa pessoa, poderemos encontrá-la mais descontraídos. Ela não será nossa inimiga, mas uma pessoa abençoada. Podemos mesmo confiar que essa bênção a transforma, libertando-a de sua dureza e frieza, de modo a possibilitar o encontro.

Com o sinal da cruz você se abençoou a si mesmo, caro leitor, cara leitora, e deixou a bênção divina inundar o seu corpo. Agora importa passar adiante essa bênção, para que o seu dia se torne um dia abençoado, e que através de você sejam hoje abençoadas todas as pessoas que encontrar no seu caminho.

Fique de pé e erga as mãos no gesto de abençoar. As palmas das mãos estarão voltadas para frente. Imagine agora como das suas mãos a bênção divina se derrama sobre as pessoas mais ligadas a você: seu(sua) esposo(a), seus filhos, seus pais, parentes, amigos. Procure ver como a bênção de Deus flui sobre essas pessoas, envolvendo-as no amor de Deus, como num manto que as protege de todo frio que vem de fora.

Com a bênção do sinal da cruz, e com a bênção que você envia ao mundo, poderá iniciar bem o seu dia. Será um dia abençoado, um dia agradável. Pode assim confiar que tudo o que você empreender se tornará uma bênção, e no encontro com as pessoas abençoadas sentirá que delas você mesmo receberá bênçãos.

Sete rituais para a primeira semana

Segunda-feira
Acender uma vela

Comece o dia na segunda-feira acendendo uma vela. Acenda-a conscientemente. Contemple em seguida a vela e a luz quente que dela emana. Procure ver como essa luz expulsa de você toda treva. O calor que a vela espalha quer banir do seu coração toda frieza. E esse calor a vela quer difundir no mundo do trabalho que acolhe você de novo na segunda-feira.

Ao acender a vela, diga baixinho palavras da Bíblia, como a do Profeta Isaías: *"Levanta-te! Deixa-te iluminar! Chegou a tua luz! A glória do Senhor te ilumina"* (60,1). A vela acesa não será então uma simples luz, mas na sua luz brilhará sobre você a glória de Deus.

Ou você pode dizer em voz alta o texto natalino de Isaías: *"O povo que andava na escuridão viu uma grande luz. Para os que habitavam as sombras da morte uma luz resplandeceu"* (9,1).

Dizendo essa palavra em voz alta ao clarão da vela, você sentirá que toda escuridão desaparece do seu coração. O próprio mundo, com suas sombras, que todos os dias se encontra nos noticiários, se transformará. Pode-se assim contemplá-lo com muita esperança.

Ou repita para si mesmo, em voz alta, as palavras de Jesus: *"Eu sou a luz do mundo. Quem me segue não caminha nas trevas, mas terá a luz da vida"* (Jo 8,12). Na vela você poderá então ver o próprio Jesus presente no seu quarto, e pronto para encher de luz o seu coração.

Considere o mistério da vela: A luz da vela se faz a partir da cera que se derrete. É a imagem de um amor que se consome. A vela pode consumir-se porque há cera suficiente. Ela não precisa economizar, mas por vezes é preciso aparar o pavio, senão a chama se torna tão forte que a sala se enche de fuligem.

Existe também uma forma de amor que faz barulho demais, nos consome demais, e não faz bem nem a nós e nem aos outros também. A outra pessoa percebe a "fuligem" no amor: as segundas intenções, o por demais forçado ou forjado, que não ilumina, mas antes "denigre" o ambiente.

A vela consta de dois elementos: Um elemento é a *chama*, que simboliza o espiritual, uma vez que ela se eleva ao céu. Conta-se de antigos monges que seus dedos se tornavam fogo quando rezavam. Assim, a vela acesa é imagem do nosso rezar. Em lugares de peregrinação, os romeiros costumam acender velas e colocá-las sobre o altar ou diante de uma estátua de Maria. Com esse gesto querem expressar que sua oração continua enquanto a vela arde, e esperam que por sua oração se faça luz em sua própria vida e no coração das pessoas pelas quais acendem essa vela.

O outro elemento da vela é a *cera* que se consome. Para a Igreja Antiga, a vela era, por isso, um símbolo de Cristo, que é ao mesmo tempo Deus e homem. A cera simboliza a sua natureza humana, que por nós se consumiu, uma vez que se entregou por amor a nós. A chama da vela representa a divindade de Cristo.

Contemplando desse modo a vela – com os olhos da tradição, com os olhos de tantas pessoas para as quais, antes de nós, a vela era um mistério –, descobrimos algo essencial a respeito de nós mesmos e a respeito de Jesus Cristo.

A vela aponta ao mistério da encarnação. A luz de Deus resplandece em Jesus, que se tornou homem. Mas a vela é também imagem da nossa própria encarnação.

A luz de Deus quer resplandecer também no meu corpo. Eu sou como a sarça ardente. Eu sou sem valor, sou ignorado, um ramo seco, mas a glória de Deus refulge em mim. Eu ardo sem me consumir. Esse é o mistério da sarça ardente.

A vela ainda diz algo mais. Eu também ardo em favor de outrem. Eu ardo quando me doo. Eu me consumo, como a cera da vela se consome ao dar-nos luz e calor. Nossa doação tem sempre dois aspectos. Damos o que recebemos. Deixamos esparramar-se o que brota no manancial do amor divino em nós. Nesse sentido, podemos sempre dar, sem com isso enfraquecermos, pois a fonte em nós é inesgotável, porque é divina.

Mas há também o outro aspecto. Eu me consumo, como a cera da vela se consome. Se cuido bem da vela, ela arde por mais tempo. Mas vem o momento em que ela se apaga. Dizemos por vezes a alguém que não se poupa que não pode acender a sua vela nas duas pontas. Desse modo, ela se consome depressa demais.

Nossas forças também são limitadas. Nós não somos Deus, que pode haurir do infinito e da plenitude. Somos humanos. Através de nós e em nós a luz de Deus quer resplandecer para as pessoas. Com isso, a nossa cera se gasta. Nossa vela vai diminuindo lentamente. E um dia ela se apagará. Assim, ela nos recorda a nossa finitude e nossa morte. Mas na morte a nossa vida rebrilhará de modo novo. Então seremos para sempre uma luz para os outros, em Cristo.

Terça-feira
Escrever uma palavra

Na terça-feira você pode escrever uma palavra. Palavras querem ser pronunciadas e escritas. No falar e no escrever desvela-se o mistério da palavra.

Pode-se pronunciar lentamente, em voz alta, o início do Evangelho de João. Ficar escutando as palavras que se vai proferindo.

Elas vêm cheias do som da nossa voz. Elas brotam do nosso coração e despertam em nós uma emoção. Elas querem que o coração entre em comunhão com a voz e com as palavras que a voz torna audíveis.

"No princípio era a Palavra, e a Palavra estava junto de Deus, e a Palavra era Deus. Ela existia, no princípio, junto de Deus. Tudo foi feito por meio dela, e sem ela nada foi feito de tudo o que existe. Nela estava a vida, e a vida era a luz dos homens" (Jo 1,1-4). Fiquemos simplesmente ouvindo as palavras. Mas depois tentemos também entendê-las.

Perceberemos que força a palavra contém. A palavra cria uma realidade. Deus criou o mundo com a sua palavra. Nós também, com as nossas palavras, podemos gerar uma realidade. Os Padres da Igreja dizem que, com palavras, podemos construir uma casa. A pergunta é que casa construímos com nossas palavras: uma casa fria, em que ninguém se sente "em casa"? Ou uma casa cheia de amor e calor, uma casa em que as pessoas se sentem bem, em que se descobrem como são, em que as palavras evocam nelas a vida, muitas vezes oculta a elas mesmas.

Na palavra acontece o encontro com o próprio mistério de Deus. Em cada palavra que proferimos ressoa algo da Palavra que está com Deus e que é Deus mesmo.

Com nossas palavras criamos uma realidade. Percebemos bem como palavras negativas, difundidas pela mídia, criam uma atmosfera de ódio e desunião, de violência e destruição. Palavras boas, ao invés, criam comunhão entre as pessoas. Elas animam, reerguem e infundem nova esperança.

Pronunciando em voz alta as palavras do prólogo do Evangelho de João descobrimos algo do mistério de cada palavra. Para o evangelista, o ápice do mistério de cada palavra consiste em que a palavra contém vida e, ao mesmo tempo, luz. Palavras iluminam nossa própria existência, levam luz aonde há sombras, tornam claro o obscuro. E na palavra há vida. Sentimos como tantas vezes a palavra nos faz bem. Ela nos vivifica, põe-nos em contato com a vida presente no fundo de nossa alma, mas muitas vezes soterrada no dia a dia. Palavras despertam nova vida em nós, trazem a vida à tona.

As palavras também querem ser escritas. As três religiões abraâmicas – o judaísmo, o cristianismo e o islamismo – são também religiões do livro. Elas têm seus livros sagrados. A Palavra de Deus é redigida e os livros sagrados são venerados, são sempre de novo transcritos, e muitas vezes artisticamente ilustrados.

Podemos seguir uma vez o seguinte ritual: Tomar uma palavra da Bíblia e escrevê-la lentamente. Escrevendo-a, talvez percebamos que nem conseguimos crer no que escrevemos. As palavras soam bem, mas no fundo nem sabemos o que elas significam.

Temos então duas possibilidades de lidar com a palavra: Ou escrevemos durante vinte minutos sempre de novo a mesma palavra, até que ela nos caia no coração e consigamos crer nela, ou a invertemos simplesmente. Podemos brincar com as palavras, lutar com elas. Podemos tomar a palavra escolhida como uma espécie de agulha que nos pica no coração. Veremos que de repente vem tudo à tona o que temos no coração, todos os nossos sentimentos e pensamentos – também os que nos confundem. Escrevendo todos os nossos pensamentos, confrontando-os sempre de novo com a palavra dada, sentiremos que algo se move em nós. Passaremos a entender de modo novo e mais profundo a palavra da Bíblia.

Eu gostaria de propor duas palavras para tentar esse ritual. Uma é o início do Sl 23: *"O Senhor é meu Pastor, nada me faltará"*. A palavra soa bem, mas, ao escrevê-la, talvez tropecemos nela: É verdade isso, que nada me falta? Se assim me sinto, posso lutar com a palavra, modificá-la, escrevê-la de outro modo.

E de novo volto a escrever, bem conscientemente, a palavra original: Como ela soa agora? Posso aceitá-la? Ela expressa a minha realidade? Modifica as minhas atitudes? Se é certa essa palavra, como lido então com minha solidão, meu sentimento de abandono, minhas dúvidas, as mágoas e feridas do dia a dia?

À luz dessas indagações percebo que não posso simplesmente dizer ou escrever essa palavra assim, irrefletidamente. Ela mexe comigo, move algo em mim. E eu preciso encarar esse algo, que então transforma minha atitude e minha visão das coisas. Desse modo, a palavra renova a minha vida.

A outra palavra é o versículo inicial do Sl 63: *"Ó Deus, Tu és o meu Deus, desde a aurora eu te procuro. De ti tem sede a minha alma, anela por ti minha carne, como terra deserta, seca, sem água"*. Escrevendo e reescrevendo essa palavra, entramos em contato com os nossos anseios. Sentiremos de um lado que a palavra é grande demais para nós. Não conseguimos ainda dizê-la de todo o coração, com inteira convicção.

De outro lado, porém, a palavra nos conduz ao mais íntimo da nossa alma. E aí descobrimos em nós esse profundo anseio por Deus. Nosso coração anseia tantas vezes por coisas primárias: sucesso, reconhecimento, e mesmo amor. Mas, no mais fundo, a nossa alma anseia por Deus.

Escrevendo e reescrevendo essa palavra, passaremos a sentir-nos, de repente, plenamente em paz. E sentiremos: Sim, a nossa alma tem sede de Deus. Sem Deus, nossa alma é como uma terra sem água.

Quarta-feira
Contemplação de uma flor

Na quarta-feira você pode escolher como ritual a contemplação de uma flor. A quarta-feira corresponde ao terceiro dia da criação, no qual Deus deixa a terra produzir o frescor do verde, deixa crescer toda espécie de plantas e árvores.

Pegue uma bela flor e contemple-a. O que você vê? Vê beleza.

Platão, o filósofo grego, diz que na beleza se veria sempre, em última análise, a beleza de Deus. Ele diz que Deus é, por sua natureza, a própria beleza, a verdade e o bem. E diz que todo ser é, em si, verdadeiro, belo e bom.

Assim, na beleza da flor descobrimos algo de Deus. Deus criou a flor. O espírito de Deus age na flor e a leva a florescer. A beleza que nela nos encanta é a própria beleza de Deus. Contemplando a flor, intuímos algo essencial do próprio Deus.

A tradição cristã também sempre viu as flores como símbolos, muitas vezes como símbolos para santos. Assim, é comum ver flores relacionadas com Maria, a Mãe de Deus. Ela é comparada à rosa, ao lírio, à bonina, à margarida, à aquilégia e à violeta. Todas elas exprimem algo do ser de Maria. O lírio aponta para a pureza e castidade, a violeta para a humildade, a rosa branca para Maria como a serva ilibada, a rosa vermelha para o seu amor. O gladíolo lembra as suas dores.

Nas representações de Maria aparece também com frequência a aquilégia, também chamada de luvas de Nossa Senhora. Considerada uma planta medicinal, era dedicada à deusa-mãe germânica Frigga. Simboliza a força materna de Maria, que cura. Também o lírio do vale, que aparece em muitas imagens de Maria, é uma planta medicinal: ele quer expressar que Maria deu à luz a salvação do mundo. O cravo vermelho representa o verdadeiro e puro amor encarnado em Maria.

Na Ladainha de Nossa Senhora (ladainha lauretana), Maria é invocada como "rosa mística", a "misteriosa rosa". Na Idade Média,

Maria aparece com predileção no meio de um rosal. A rosa tem no Ocidente um simbolismo semelhante ao do lótus na Ásia. Na Grécia ela é a flor de Afrodite, a deusa do amor. Assim, a rosa, que encanta as pessoas com seu perfume, é símbolo do amor, que nos enche com seu suave odor. Na Antiguidade se usava adornar a cabeça com uma coroa de rosas, não só por razões de beleza, mas também por motivos medicinais, pois se atribuía à rosa um efeito refrescante e energizante do cérebro.

A mística da Alta Idade Média, Gertrud von Helfta, chama Maria *"a rosa do amor"*, que *"qual rosa luminosa de celestial encanto nutre as nossas almas com força celestial"*. Para os místicos, Maria como rosa é uma imagem preferencial para exprimir a mais íntima união com Deus: *"Rosa, toda imersa em Deus, inebriada do vinho de extrema beatitude"*, canta um desconhecido poeta da Renânia do século XV. A imagem do rosal, tão cara aos artistas daquela época, expressa que Maria, repleta de amor, difunde amor em seu redor.

Onde Maria se encontra sentada entre rosas, ou ela mesma floresce como rosa, aquece-se em nós o inverno da frieza espiritual, e nossa vida desabrocha como em nova primavera. Um piedoso poeta do século XII o traduz assim: *"Quando essa bela rosa Maria começou a florescer, passou o inverno das nossas tristezas e veio chegando o verão das eternas alegrias; brilhou o belo maio das eternas delícias, e foi-nos devolvido o verde do gozo do paraíso".*

No símbolo da rosa se une assim o despertar do cosmos com a beatitude do ser humano. Essa é também a visão de Dante Alighieri, quando chama Maria a rosa em que se encarnou o Verbo eterno: *"Em teu seio inflamou-se novo o amor, a cujo calor aqui na paz eterna desabrocha assim essa flor"*. A mística rosa é para Dante o símbolo da união do amor de Deus com o amor humano.

Quando contemplo uma flor, quando medito sobre uma rosa, não me vêm à mente todas essas ideias maravilhosas que os místicos e os poetas formularam. Mas eu posso acolher simplesmente as associações, imagens e lembranças que me vêm da alma. Talvez seja a lembrança da "única" rosa de que fala o *Pequeno Príncipe*, a rosa que ele nunca esquece, porque, para ele, ela é única. Ou é um canto a Maria que me vem à mente, como o canto (alemão) que vê Maria passando por um bosque de espinheiros para transformá-lo num rosal: *"Então os espinhos se tornaram em rosas"*.

Meditar não significa refletir, mas evocar uma imagem que desperte as muitas outras imagens guardadas no fundo da minha alma. Essas imagens em mim são imagens belas, imagens que curam, imagens que me põem em contato com a única e singular imagem que Deus tem de mim.

Quinta-feira
Partir o pão

Para a quinta-feira é apropriado o ritual do partir o pão. Ele nos lembra a instituição da Santa Ceia, da Eucaristia. Então Jesus tomou o pão, abençoou-o, partiu-o e o deu aos seus discípulos com as palavras: *"Isto é o meu corpo entregue por vós. Fazei isto em memória de mim"* (1Cor 11,24).

Ao partirmos o pão para nós, intuímos o que aconteceu na Última Ceia: O nosso partir o pão recebe daí todo um novo significado.

O gesto de partir o pão não é somente algo prático, para comê-lo melhor. É, antes, um gesto de profundo simbolismo. Eu parto o pão, para que se torne alimento para mim, para que eu possa viver dele. Eu parto algo que é inteiro, para que aquilo que em mim é fragmentado se torne inteiro.

O sacerdote e teólogo Henry Nouwen fez uma impressionante alocução, há 20 anos, por ocasião da inauguração da nossa casa de retiros em Münsterschwarzach. Deixou-nos profundamente tocados. Ele meditou sobre quatro palavras: tomar – abençoar – partir – dar.

Jesus *tomou* o pão. Todos nós tomamos amor. Tomamos o amor de Deus. Tomamos o amor dos nossos pais. Talvez ele não fosse suficiente para nós. Mas todos tomam amor dos pais. Mesmo que tenham sido somente os nove meses em que estivemos na barriga de nossa mãe, cada qual tomou aí o amor que levou ao seu existir, e que a mãe lhe proporcionou ao gestá-lo em seu ventre. Fomos aceitos e acolhidos por nossos pais e amigos. E nos aceitamos a nós mesmos. E nos sabemos aceitos por Deus.

Jesus *abençoou* o pão. Todos somos pessoas abençoadas. Abençoar significa: dizer palavras boas. Deus disse sobre nós, no batismo, essas palavras boas: *"Tu és meu amado filho. Tu és minha amada filha. Em ti eu tenho o meu agrado"* (cf. Mt 3,13). É muito importante conscientizar-nos sempre de novo de que somos abençoados.

Se no ritual da quinta-feira eu parto o pão, devo primeiro, como Jesus, tomá-lo cuidadosamente na mão e abençoá-lo. Isso me faz sentir o que uma bênção significa. A bênção significa que esse pão me sustenta, me nutre. A bênção de Deus me toca e me enche dos dons da criação. A bênção de Deus penetra em mim.

Tudo o que eu tomo para comer é abençoado por Deus. Ao abençoar o pão antes de parti-lo, entro em uma nova relação com tudo o que eu como. Em tudo, alimento-me com a bênção de Deus.

Jesus *partiu* o pão. Quando eu parto o pão, lembro que eu mesmo sou partido. Vejo-me frágil. Meu corpo é frágil. Ele não me garante a saúde para sempre. Minha biografia revela rupturas: Uma relação rompida. Um ideal desmoronado: esse sonho sempre acalentado de como a minha vida deveria ter sido.

Henry Nouwen diz: Ali onde somos fragilizados rompem-se todas as armaduras em que envolvemos o nosso coração para nos proteger contra o sofrimento. Ali caem as máscaras com que nos disfarçamos, e os papéis que representamos. E assim partidos descobrimos o nosso verdadeiro eu.

Quando o exterior se quebra, fica livre o caminho para o interior. Eu me torno aberto para os meus irmãos e irmãs. Eu me abro para os outros. E me torno aberto para Deus. As imagens que faço de Deus caem em pedaços, e eu me abro para o Deus incompreensível, o qual, em toda a sua incompreensibilidade, continua sendo amor: na verdade, um amor incompreensível.

Jesus *deu* o pão aos seus discípulos. Nossa vida precisa do dar. Dar é expressão da fertilidade.

O dar vem no fim. No começo está o tomar. Eu só posso dar porque tomei. Tomar e

dar precisam de um bom equilíbrio recípro-
co. Quem só toma se engasga ou se asfixia.
Quem só dá, se esgota.

Eu só posso dar porque sou abençoado, porque recebi a bênção. E também o ser
partido é condição para o dar. Quem só conhece sucessos, quem nunca experimentou
fraturas e rupturas corre sempre perigo de
só girar em redor de si mesmo. Não sente a
necessidade de dar. A fragilidade nos capaci-
ta para a doação.

Sexta-feira
No caminho da via-sacra

Viver significa estar a caminho. Neste mundo somos apenas peregrinos e estranhos. Já Abraão, o pai na fé, por ordem de Deus, pôs-se a caminho. E o seu caminho começa com deixar tudo o que lhe era habitual e familiar. Os antigos monges sempre consideraram esse êxodo como um libertar-se de todas as dependências. Israel saiu do Egito, do país da escravidão.

Caminhar significa, além disso, estar sempre a caminho, mudar-se ao caminhar. Não podemos ficar parados, senão entorpecemos. Caminhar significa ir ao encontro de um destino: *"Para onde, afinal, estamos a caminho? – Sempre para casa"*, diz o poeta Novalis. Em última análise, estamos sempre a caminho de um destino fora deste mundo.

O nosso caminho, como previsto e planejado, é sempre de novo atravessado por imprevistos, por doenças e por quedas na nossa vida. A nossa vida é sempre, também, uma via-sacra. Nossas expectativas se frustram. Trata-se de aceitar, na cruz, justamente as contradições que há em nós.

Jesus disse: *"Quem quer ser meu discípulo, tome a sua cruz e me siga"* (Mt 16,24).

Jesus vê nossa vida como um caminho. Devemos seguir a Jesus no seu caminho.

Isso, porém, supõe duas atitudes: De um lado, trata-se de *nos libertarmos da dominação do próprio ego.* Caminhar significa tornar-nos livres da tirania do próprio ego, que busca sempre dominar e decidir tudo.

De outro lado, trata-se de *tomar nos ombros a nossa cruz.* É preciso dizer sim às nossas contradições interiores, despedir-nos da ilusão de que somos somente espirituais, somente amorosos, somente disciplinados e livres. Somos, ao mesmo tempo, ímpios, vazios, agressivos, descontrolados, interiormente presos. O nosso caminho somente terá sucesso se o percorrermos como caminho da cruz. Esse pode ser um apelo da sexta-feira, na qual celebramos a memória da via-sacra de Jesus e de sua morte na cruz.

Os monges deram forma concreta ao mistério do caminho da cruz de Jesus: nos claustros, tão característicos dos mosteiros. Os monges caminham lentamente pelos claustros, meditando sobre o mistério da cruz e o mistério do seu caminho. O claustro recorda ao monge que deve abrir-se sempre mais ao indescritível mistério de Deus a partir da cruz.

Segundo o Evangelho de João, a cruz é símbolo do amor com que Jesus nos amou até a consumação. Enquanto caminha em silêncio pelo claustro, o monge se entrega a esse amor, que o toca em todo o seu ser: no seu mais elevado e seu mais profundo, em suas luzes e suas sombras, nos abismos de sua alma e nos seus conflitos de cada dia. O claustro convida o monge a penetrar no mistério de sua redenção enquanto caminha.

No confinamento e na solidão do mosteiro acontece o essencial: Aí, no claustro, caminhando e meditando, o monge penetra intimamente no mistério do amor de Deus. Esse amor penetra tudo o que é terreno, transforma tudo e, sempre de novo, faz ver o céu aberto por sobre todas as rotinas e banalidades de sua vida. Assim, no próprio confinamento ele pode ver a amplidão infinita de Deus, peregrinando na terra ver o céu, e na solidão do mosteiro contemplar o infinito e indescritível Criador do universo.

Cinco aspectos podem propor-se à meditação ao longo desse caminho:

1) A cada passo dado, imaginar-nos deixando para trás tudo o que nos mantém reféns: hábitos, laços que não nos fazem bem, expectativas das pessoas ao nosso redor.

2) Seguir caminhando lentamente. Não se pode parar. Ao caminhar, confirma-

mos que estamos sempre mudando. Não podemos repousar sobre as nossas conquistas.

3) Fazer o caminho que nos propusemos, mas ficar atentos ao fato de que o nosso caminho pode não continuar sempre tão tranquilo, que pode ser cortado por imprevistos. Essas surpresas no caminho querem ajudar-nos a abrir-nos sempre mais para Deus.

4) Caminhar devagar, sem perder a concentração, o espaço de silêncio em nós. Nosso mestre de noviços exortou-nos a caminhar pelo claustro, ao final das Horas canônicas, como se levássemos nas mãos uma vasilha preciosa cheia da água da graça. Caminhando à luz dessa imagem, nosso andar será algo sagrado. No meu caminho, levo Deus ao mundo. Sou assim, de certa forma, um ostensório le-

vando em santa procissão o próprio Cristo ao mundo.

5) Ficar imaginando que sempre caminhamos ao encontro de Deus. Caminhando, meditar a palavra de Paulo: *"Nossa pátria é o céu"* (Fl 3,20).

O caminhar é um ritual simples. Fazer conscientemente o que fazemos todos os dias: andar, percorrer determinados caminhos, passear, fazer caminhadas. Descobriremos que o caminhar lenta e atentamente nos faz, como peregrinos, entrar sempre mais no mistério de nossa redenção por Jesus Cristo, acontecida na cruz e sempre renovada para nós.

Sábado
Ouvir uma música

Na tradição judaica, o sábado é o dia do repouso sabático. As pessoas participam assim do repouso sabático de Deus. A tradição cristã transferiu a teologia do sábado para o domingo. Mesmo assim, ela transferiu também algo do sentido judaico do sábado para o sábado. O sábado é dedicado à memória de

Maria. Maria, a mulher-mãe, aponta para o repouso de Deus.

Na tradição cristã, Maria foi sempre o oposto à ascese masculina e ao trabalho do homem. Os cristãos olhavam para Maria, a mãe, que segura a criança nos braços. Maria também foi sempre a mulher contemplativa, muitas vezes representada lendo. Meditando a palavra, ela entra no mistério de Deus e do ser humano. Há representações que mostram Maria, na fuga para o Egito, sentada no burrinho e lendo um livro – provavelmente a Bíblia. Assim, no sábado, Maria nos convida à contemplação.

A contemplação tem muitos aspectos. Como a devoção mariana sempre aparece como uma espiritualidade otimista, também a contemplação que evoca Maria tem em si algo de jocoso, alado, libertador e alegre. Assim, no sábado, somos convidados para, muito conscientemente, escutar uma música. Podemos hoje dar-nos o tempo de, tranquilamente, ficarmos ouvindo música.

Escolha uma peça musical adequada. Não conheço as suas predileções, não sei se você aprecia mais a música de Johann Sebastian Bach, de Wolfgang Amadeus Mozart ou de Ludwig von Beethoven, de Georg Friedrich Händel ou Félix Mendelssohn-Bartholdy ou Anton Bruckner. Decida-se pela música que o seu coração pede. Feche então os olhos e deixe-se invadir pela música. Deixe que ela não lhe penetre só no ouvido, mas no coração, em todo o seu corpo. Acompanhe com a imaginação como a música entra em todo o seu corpo e o faz vibrar e ressoar. Entenderá assim um pouco o que o Profeta Isaías quer expressar quando diz: *"Escuta, e a tua alma viverá"* (Is 55,3). A música afugentará de você todo temor e desespero, toda treva e tristeza.

Certamente há também músicas cheias de melancolia. Mozart compôs sempre de novo músicas melancólicas. Mas, ao tornar audível a melancolia, ele também a transforma, e não fica prisioneiro dela.

A música que invade o nosso corpo dá-nos uma nova consciência de nós mesmos. Tantas vezes percebemos nosso corpo todo tenso, tomado de pensamentos confusos. Quando, porém, nosso corpo todo se deixa tomar pela música, ele começa a vibrar. Os Padres da Igreja dizem que o ritmo da música ritmiza toda a alma. Ela entra no ritmo que é próprio do seu ser.

Toda vida é sempre também ritmo. Muitas vezes caímos fora do ritmo, sentimo-nos confusos, como cauterizados. A música faz o corpo vibrar de novo no ritmo que lhe é próprio. E não é somente o corpo que volta à vida, mas também a alma.

A música dá asas à alma. O Padre da Igreja João Crisóstomo o expressa de forma admirável: *"Nada eleva totalmente a alma, nada lhe empresta asas e a liberta do que é terreno, nada a livra das cadeias corpóreas e lhe inspira amor à sabedoria e a faz desprezar ironicamente tudo o que pertence ao ser terreno como o canto melodioso"*. E Santo Agostinho diz que a música faz com que *"o povo não desfaleça por tédio e desolação"*. João Crisóstomo está convencido de que *"a alma suporta mais facilmente as durezas e labutas quando canta uma melodia ou fica a escutá-la"*.

Ao ouvir com muita atenção o segundo andamento do concerto de clarinetes em lá maior de Mozart, intui-se aí a superação da morte. O que esperamos no sábado – a ressurreição dos mortos – torna-se audível na música de Mozart.

Também em muitas árias das cantatas de Bach pode-se ouvir essa superação da morte. Não é preciso pensar nas palavras cantadas ao ouvir essas árias. Deixo simplesmente cair no meu coração as palavras musicadas. Aí acontece fé. Aquilo que as palavras expressam torna-se realidade no meu coração. Não preciso, nesse momento, da decisão da fé. Na música está presente a fé. No ouvir a música, a fé se torna realidade.

Deixar que a música nos leve a transcender os problemas de cada dia. Assim intuiremos que já participamos agora do sábado de Deus. Escutar, como Maria, que é para nós modelo da escuta e da fé. De tal modo ela escutou o melodioso som da voz do anjo que a Palavra nela se fez carne. Assim também a música quer, de certa forma, "encarnar-se" em nós. Ela quer penetrar e transformar todo o nosso pensar e agir, nosso sentir e falar.

Domingo
A experiência do silêncio

"*Deus viu tudo quanto havia feito, e era muito bom. [...] No sétimo dia, Deus concluiu toda a obra que tinha feito, e no sétimo dia repousou. [...] Deus abençoou o sétimo dia e o santificou*" (Gn 1,31–2,3). Assim lemos no relato da criação no início da Bíblia a respeito do sétimo dia da criação do mundo. No domingo tomamos parte no repouso sabático de Deus.

Mas os nossos domingos são de agenda cheia. Enchemo-los de atividades, porque não sabemos o que fazer com o silêncio. O Livro do Gênesis aponta três condições para que o silêncio tenha sentido.

Primeira condição: *Deus viu que tudo era bom*. Só quando vejo minha vida como boa – quando posso admitir que também os atalhos e descaminhos em última análise foram bons para mim, e o são –, então posso silenciar. Enquanto só escuto em mim as vozes da autoacusação e autorrejeição, não consigo achar paz. Então eu fujo correndo do silêncio, porque ele se me torna por demais ameaçador e incômodo.

Segunda condição: *Deus abençoou o sétimo dia*. O tempo do silêncio é um tempo abençoado. No silêncio eu me coloco sob a bênção de Deus. Eu me imagino envolto pela bênção de Deus e por seu amor. A bênção é proteção. No silêncio eu me sinto protegida por Deus. E bênção é fecundidade. O tempo de silêncio me fecunda. Abençoar significa dizer palavras boas. No silêncio escuto a boa Palavra de Deus dirigida a mim: *"Tu és meu filho amado. Tu és minha filha amada. Em ti está o meu agrado"* (Mc 1,11).

Terceira condição: *Deus santificou o sábado.* O silêncio é um tempo santo. Santo é o que é subtraído do mundo. No silêncio, o mundo com o seu barulho não tem acesso. Aí eu me encontro a sós com Deus. Para os antigos gregos, só o que é santo tem poder de cura. É salutar para mim escutar no silêncio.

A tradição cristã distingue entre calar e silêncio, entre *tacere* (calar) e *silentium* (silêncio). Calar é uma tarefa espiritual. Eu fecho a boca. Eu renuncio a falar. Eu exercito o calar. O silêncio, entretanto, é algo dado. Eu entro no silêncio de uma igreja, no silêncio de um bosque, no silêncio do deserto. Meu quarto, em que medito, respira silêncio. Mas eu não percebo o silêncio se me ocupo com mil e uma coisas. Nesse sentido, calar e silêncio caminham juntos. É preciso calar para poder captar o silêncio.

Mas os espaços silenciosos não existem somente fora de mim, o lugar do silêncio existe dentro de mim. Desse lugar falam os místicos. O Padre do Deserto Evágrio Pôntico diz que é o lugar de Deus, a visão da paz, um espaço cheio da glória de Deus e da sua paz. Para Johannes Tauler é o íntimo da alma, para Catarina de Sena a cela interior, para Teresa de Ávila o recinto íntimo do castelo da alma. Esse espaço existe em nós, mesmo sem nos darmos conta.

Escolha para o domingo o ritual de ouvir o silêncio. Sente-se no oratório do seu quarto, ou nalgum lugar silencioso, talvez numa igreja ou num lugar tranquilo na natureza.

Escute primeiro o silêncio em torno de você. Há às vezes um silêncio absoluto em que não se ouve nada. É um silêncio misterioso. Mas, mesmo sentado num bosque, ou junto a um rio, escuta-se o rumor da floresta ou a correnteza da água. Esses ruídos não perturbam o silêncio, tornam-no audível.

Curta o silêncio que o envolve como um manto, mas escute também o silêncio dentro de você. Procure perceber como, ao respirar lentamente, você caminha por todos os espaços do seu corpo e da sua alma, até o mais profundo da sua alma. Aí o silêncio é total.

Esse silêncio somente se atinge atravessando os espaços ruidosos do coração. Somente atingiremos o silêncio se passarmos através das nossas raivas, dos nossos temores, nossos ciúmes, nosso sentimento de culpa, nossas tristezas. Todo esse caos interior tem direito de existir, não é preciso negá-lo. Mas não se pode ficar preso nele. Importa passar por ele até chegar ao fundo da alma. Aí o silêncio é total.

Talvez sintamos esse silêncio total apenas por um breve instante. Voltam de novo os pensamentos e sentimentos que nos ocupam. Mas esse breve instante, esse átimo de puro silêncio – não a ideia de silêncio, mas o verdadeiro e puro silêncio – nos liberta do poderio do mundo.

Para nós, cristãos, o puro silêncio não é um silêncio vazio, é um silêncio cheio de Deus, cheio do amor e da misericórdia de Jesus Cristo. Esse amor é mais que um sentimento. Não é sempre preciso ter sentimentos quando se percebe o puro silêncio. Sente-se simplesmente o puro ser. E, segundo os filósofos e teólogos, esse ser é sempre bom, verdadeiro e belo. Para nós, cristãos, esse ser é, no íntimo, amor. O amor de Cristo penetrou, através da cruz, nas profundezas deste mundo – também nas profundezas da nossa alma – e constitui agora o verdadeiro fundamento de tudo o que existe. Jesus mesmo o expressa assim: *"O Reino de Deus [já] está entre vós"* (Lc 17,20). Onde o Reino de Deus está em nós, aí Deus reina sobre nós e nos conduz ao nosso verdadeiro ser. Ele nos liberta do poder do mundo.

Na percepção desse silêncio você pode perceber-se de cinco modos, como um novo ser.

1) *Você é livre*: livre da pressão das pessoas, das suas expectativas e exigências e opiniões a seu respeito. Você deixa de

preocupar-se com o que pensam ou dizem de você. Está aí, sem necessidade de justificar-se.

2) *Você é são e inteiro.* Nesse espaço do silêncio ninguém pode feri-lo. As palavras ofensivas das pessoas não chegam até lá. Também as feridas da sua história de vida não puderam invadir esse espaço preservado.

3) *Você é original e autêntico.* Todas as imagens com que outros o mascararam e com que ofuscaram a essência do seu ser se dissolvem. Mas também se dissolvem as suas imagens de autodepreciação, com que você se minimiza, e da sua presunção, com que se eleva acima de si mesmo e exige de si o que não pode dar. Você tem o direito de ser quem é. Não tem necessidade de demonstrar. Pode simplesmente ser você mesmo, como Deus o fez. Está

em contato com a imagem original, genuína, não adulterada de Deus em você.

4) *Você é puro e claro*. Nesse espaço de silêncio também os sentimentos de culpa não têm acesso. Nem mesmo a culpa com que você se tenha carregado conseguirá destruir esse espaço.

5) *Você se sente em casa*. Sim, porque no espaço do silêncio Deus habita. Deus é sempre o inefável mistério. Num jogo de palavras da língua alemã pode-se dizer: Em casa (*da-heim*) só se pode estar onde habita o mistério (*Ge-heim-nis*).

Sete rituais para a segunda semana

Segunda-feira
Meditar o próprio nascimento

Na segunda-feira começa a semana de trabalho. Para muitas pessoas, a segunda-feira é antes um dia triste. Com ela recomeça, após o fim de semana, a mesma rotina do dia a dia, o fastio do cotidiano.

Nesse dia do recomeço seria um bom ritual meditar o próprio nascimento. Para isso, feche os olhos e contemple: Eu estou vindo ao mundo. Contemple como você está saindo do seio materno. O bebê recém-nascido vê pela primeira vez a luz do sol. Ele saúda o mundo com um grito. A mãe o aperta ao peito para acalmá-lo. Ela contempla essa criança que acaba de nascer.

Um ser único, singular, veio ao mundo. Nenhuma educação ainda o marcou. Tudo nele é novo. Ele traz em si o germe de novas possibilidades. Ele não vem condicionado por um determinado destino. Tudo lhe é possível. Tudo é novo, virgem, intocado.

Essa criança original, imaculada está em você. Procure entrar em contato com ela. Procure imaginar começar esta semana com essa criança em você. Imagine que você não está prefixado pelos papéis que lhe cabem na sua família, na sua empresa, no seu círculo de amizades. Você não está predefinido por aquilo que vem fazendo, nem por sua educação, nem pela sua biografia, com as marcas que ela lhe deixou.

Certamente você leva hoje as marcas que sua história de vida lhe imprimiu. Certamente você desenvolveu determinadas qualidades de caráter, mas existe também em você essa criança recém-nascida, com todas as suas possibilidades de ser nova, íntegra, autêntica.

Veja: O bebê nos braços de sua mãe não sofre nenhuma pressão no sentido de ter que ser ou representar algo. Ele não precisa provar nada. O bebê simplesmente é o que é.

Entrando em contato com esse bebê em você, não sentirá mais a pressão de ter que afirmar-se diante dos outros. Você não se minimizará ao entrar na empresa. Você não ficará refletindo sobre o que os outros esperam de você, ou como você deveria proceder para agradar aos outros. Você será simples, será livre. Você vai entrar nesse dia e viver o que traz em si. Você está em contato com a criança em você, a criança indisfarçada, pura, original.

Você fará hoje o que faz cada segunda-feira. Você sabe o que o trabalho vai pedir-lhe hoje. Mas, por estar em contato com sua criança interior, tudo será diferente. Tudo terá um sabor de novo, de autêntico. Você fará o que deve fazer – sem segundas intenções, sem a preocupação com o que os outros poderão dizer.

A criança recém-nascida em você é curiosa. Ela pesquisa tudo, vê e apalpa tudo, porque tudo é novo e incomum. Tome nas mãos as coisas do dia de hoje com essa imagem interior, e molde-as segundo o modelo que já lhes está impresso. Assim, seu trabalho será novo e criativo, e você imitará no seu trabalho a obra da criação de Deus, que faz novas todas as coisas.

Terça-feira
Acompanhar o próprio anjo da guarda

Antigamente, a Igreja comemorava na terça-feira os anjos. Seria, então, um bom ritual meditar nesse dia sobre o próprio anjo da guarda.

Comentando a palavra de Jesus em Mt 18,10, dizem os Padres da Igreja que Deus, ao nascermos, nos colocou ao lado um anjo. Esse anjo nos acompanha ao longo do nosso caminho, nos conduz e nos protege e, ao morrermos, transpõe conosco o limiar da morte e nos coloca nos braços de Deus.

Os anjos são seres espirituais criados e potências pessoais. Não são pessoas que se pudessem colocar lado a lado e contar. São mensageiros que Deus nos envia para fazer-nos sentir sua benéfica proximidade. O anjo colocado por Deus ao nosso lado põe-nos em contato com todas as potencialidades que Deus colocou em nossa alma. Ele é o companheiro espiritual, que nos desvenda o potencial de nossa alma.

Imagine ver como o seu anjo da guarda acompanha você em todos os seus caminhos. Isso não é garantia de que nunca lhe possa acontecer um mal físico, mas o seu anjo certamente protege o mais íntimo de você. Ele acompanha você em todos os seus caminhos, mesmo se alguma vez são descaminhos, desvios do caminho reto. Ele suporta você, mesmo quando você nem se suporta a si mesmo. Ele é seu companheiro interior.

Podemos imaginar o anjo da guarda nos acompanhando, quando saímos de casa, quando vamos de carro ou empreendemos uma longa viagem. Peçamos-lhe que nos assista se tivermos de enfrentar uma situação difícil.

Podemos pedir ao próprio anjo da guarda que nos inspire as palavras certas, ou pedir a Deus que nos faça encontrar as melhores palavras para dar o tom certo à conversa. E na conversa podemos imaginar que não estamos sós, que o nosso anjo está ao nosso lado.

Nós não vemos o nosso anjo. Ele vem de Deus. Deus o envia. Mas, através do anjo, é a presença protetora de Deus que nos acompanha. Nosso anjo é sempre um anjo protetor. Ele nos protege da proximidade por vezes angustiante de pessoas desagradáveis ou mal-intencionadas. Ele nos protege de suas agressões, suas tendências destrutivas, suas palavras ofensivas. Imaginemos que o nosso anjo como que nos envolve num manto protetor que repele os impulsos ferinos de fora e evita que nos atinja o frio que de fora possa ameaçar-nos.

Nosso anjo é um mensageiro de Deus. Deus não nos deixa sós em nenhum momento. Por isso, Ele nos manda o seu mensageiro, que pode ser um impulso interior, uma certeza interior, ou uma experiência de estarmos sendo carregados, protegidos. Esse mensageiro é o anjo que Deus coloca ao nosso lado. Nosso anjo nos faz ver que Deus é um Deus que ama o ser humano, um Deus que fica ao nosso lado em toda e qualquer situação de nossa vida.

Começando o dia de hoje com essa consciência, você vai vivê-lo com mais atenção. Vai ficar mais atento às manifestações da sua alma. Vai ver cada situação numa luz nova.

Você não está só. E as pessoas que cruzam o seu caminho também não estão sós. Também elas têm seu anjo da guarda. Também elas são envolvidas pelo amor de Deus. Também ao lado delas Deus colocou um anjo. Tendo isso concretamente presente, seus encontros serão diferentes, suas reuniões e seus trabalhos terão uma coloração diferente. Nas suas viagens você não estará só, será acompanhado e protegido pelo seu anjo da guarda.

Essa consciência nos liberta de toda pressão, de todo medo de que algum mal nos possa acontecer. E nos deixa ao mesmo tempo mais atentos.

Quarta-feira
Agir com atenção

Na quarta-feira, a Igreja comemora São José, considerado o padroeiro dos operários. Vai então o convite para você hoje levar junto para o seu trabalho uma palavra de São Bento de Núrsia. Ele estabelece a seguinte regra para o gestor administrativo do mosteiro: *"Considera todos os utensílios e todos os bens do mosteiro como sagradas alfaias"* (Regra beneditina 31,10). Essa atenção é um tema muito importante. Os autores espirituais de todas as religiões escrevem atualmente sobre o tema da atenção.

Exercite hoje essa amorosa atenção – justamente no seu trabalho. Tomando na mão a caneta para escrever, atente ao que faz. Você se serve de um objeto que lhe ajuda a escrever. Esteja bem atento ao que escreve. Ao escrever, formulam-se palavras. Cuide que não sejam palavras vazias, mas palavras portadoras de vida. Ao abrir o seu computador, faça-o com cuidado. Ele lhe facilita o trabalho. Mesmo sendo um aparelho técnico, ele lhe mostra algo da sabedoria divina que foi nele instalada. Usando os programas do seu computador, faça-o com atenção. Seja grato pelas inúmeras possibilidades que o computador lhe oferece.

Se o seu telefone tocar, pegue-o com cuidado. Não distraidamente. Interrompa o que está fazendo. Coloque-se à disposição da pessoa que chamou e com a qual agora conversa. Mesmo não a vendo, você lhe ouve a voz. E ela escuta você. Ela percebe se você a escuta com atenção, se está em comunhão com ela, ou de certa forma a pressiona, impaciente, para terminar a conversa.

Se alguém bater à sua porta, olhe para a pessoa que entra. Dê-lhe a sua atenção. Feche a "porta" do trabalho com que estava ocupado. Abra a sua porta interior, para que possa dedicar-se inteiramente à pessoa que entrou. Assim o encontro poderá acontecer. Ao sair do seu gabinete, atente aos seus passos. Saia livre das preocupações e do cansaço. Concentre-se no andar. E, quando abrir de novo a porta para entrar na sua sala, faça-o com atenção. Com a porta abra-se também seu coração, para que possa novamente devotar-se por inteiro ao trabalho.

O ritual da atenção pode ser exercido ao longo de todo o dia. Mas ajudará muito se você já começar o dia com uma meditação sobre a atenção. Sente-se tranquilamente e preste atenção somente ao momento presente, ao que nesse momento acontece. Respire atentamente. Só esse momento importa.

Começando de manhã com esse ritual, será fácil prolongá-lo por todo o dia. Tudo o que você toca – sua caneta, seu computador, o martelo com que coloca um prego, a tesoura com que corta um objeto, a porta, sua pasta, seus livros e seus bilhetes –, tudo você toca com cuidado e atenção. Você tem contato com o que toca e com o que faz. E você fará a experiência de que essa atenção lhe faz bem e que ela dá um novo sabor ao seu dia a dia.

Sua relação com Deus permeará todo o seu agir concreto. Na verdade, em tudo que você toca, de certa forma você toca numa "pontinha" de Deus. É o que o Apóstolo Paulo tinha em mente quando disse aos filósofos gregos no areópago: *"[...] para que buscassem a Deus e, talvez às apalpadelas, o encontrassem, a Ele que na realidade não está longe de cada um de nós; pois nele vivemos, nos movemos e existimos, como disseram alguns dentre vossos poetas"* (At 17,27-28).

Podemos encontrar a Deus em todas as coisas. Vivendo com atenção pode-se apalpar Deus em tudo que existe. Em todas as criaturas apalpar o Criador. Deus não está longe de nós. Ele está em tudo o que existe.

Quinta-feira
Dar graças

Na quinta-feira fazemos memória da instituição da Eucaristia. Eucaristia significa ação de graças. Daí o convite para um ritual de ação de graças.

Sente-se e comece por agradecer pelo seu corpo. Você respira e sente o ar entrando e saindo em cada respiração. Você percebe a vida dentro de si. O fôlego penetra todo o seu corpo. Você se encontra em repouso.

Agradeça agora pela saúde que Deus lhe tem concedido. Se tiver dores, agradeça a Deus por essas dores lhe lembrarem o seu cerne mais profundo que nenhuma dor atinge. As dores também fazem pensar em Deus que nos carrega com todas as nossas dores.

Repasse na lembrança toda a história de sua vida. Agradeça pela sua infância, mesmo que talvez nem tudo tenha sido ideal. Você viveu uma realidade que ninguém mais viveu. A experiência que você fez é somente sua. Você se tornou uma pessoa experiente, alguém que conhece os mistérios do ser gente. Agradeça por seus pais e por tudo o que recebeu e aprendeu através deles. Agradeça pelo caminho da sua vida.

Agradeça a Deus por Ele ter estado sempre a seu lado, mesmo que por vezes você tenha se sentido muito só. Dê graças por Deus ter sempre conduzido você. Olhando para trás, você reconhecerá a condução de Deus, da qual em tantos vales escuros de sua vida você não se deu conta. Agradeça pelas pessoas que Deus lhe pôs no caminho: seus pais e avós, seu parceiro ou parceira, seus filhos, seus amigos, as pessoas que algum dia encontrou e que lhe desvendaram algo do mistério do ser humano, todas as pessoas através das quais sua vida se tornou rica e fecunda.

No final, fique de pé e coloque-se na frente do espelho. Olhe para o seu rosto, sem avaliar, sem julgar se é ou não bonito. Olhe para o seu rosto e agradeça a Deus por sua unicidade. O seu rosto é único. Não existe um segundo rosto, um rosto que seja idêntico ao seu.

Olhe através do seu rosto para o fundo de sua alma. Quem contempla você de lá daquele fundo? Quem é essa pessoa única e singular? Onde está essa imagem original de Deus em você? Agradeça então pelo seu rosto, agradeça a Deus por você ser essa pessoa única, singular. Agradeça a Deus por essa profundeza que se lhe desvenda através do seu rosto, pelo brilho da beleza que lhe sorri, pelas experiências de alegrias e dores, de amor e de desilusão que deixaram marcas no seu rosto.

Olhe em seguida para as suas mãos abertas diante de você. Não somente no rosto, mas também nas suas mãos a sua vida deixou suas marcas. Nelas de certa forma ficaram armazenadas todas as suas experiências. Em nossas mãos podemos contemplar a nossa própria verdade.

Na mão existem a linha da vida, a linha da saúde e a linha das relações. Existem as "gotas de orvalho" nas pontas dos dedos, que indicam o nosso anseio por Deus.

Contemple suas mãos e reflita sobre tantas coisas que essas mãos já modelaram e criaram, que pegaram e levaram a cabo, que produziram e "negociaram". Agradeça a Deus pelas suas mãos, e por tudo que com elas conseguiu realizar. E agradeça por tudo o que Deus colocou em suas mãos: a força nelas contida, as suas habilidades, a ternura que sabem expressar, o conforto que podem dar. Suas mãos sabem apontar, escrever, pegar, agarrar, acariciar, receber, dar... Contemple a maravilha das suas mãos e agradeça a Deus por tudo o que essas mãos têm recebido e têm dado.

Sexta-feira
Abraçar o mundo

Na sexta-feira lembramos a morte de Jesus na cruz. Para muitas pessoas, a cruz lembra peso e sofrimento. Mas os antigos Padres da Igreja viram a cruz como símbolo de esperança, de salvação e desmedido amor. Já o Evangelho de João entende a morte de Jesus na cruz como expressão do amor com que Ele nos amou até o fim.

A cruz é imagem da entrega de Jesus a todos nós. Ao mesmo tempo, essa imagem expressa que Jesus abraça na cruz todas as contradições deste mundo, que abraça e acolhe com seu amor todas as contradições em nós, e que abraça e como que compacta nesse amor todo o cosmo. Assim também os Padres da Igreja entendiam a cruz. Eles falam do Logos "distendido", desdobrado, que na cruz unifica todos os contrastes do mundo. Um antigo texto do segundo século exalta a cruz com essas palavras: *"Ó nome da cruz, que concentras em ti todo o universo! Salve, ó cruz, que manténs unido o cosmo em toda a sua extensão"*.

Quero propor-lhe dois rituais, com os quais você pode meditar sobre o mistério da cruz: *No primeiro ritual* você pode contemplar o crucifixo na sua casa. Talvez você tenha um quadro com uma representação especialmente impressionante da cruz. Considere que Jesus se doou por inteiro por você na cruz. E Ele morreu também por amor a você. Assim Jesus diz no Evangelho de João: *"Não há maior amor do que dar a vida por seus amigos"* (Jo 15,13).

Contemplando esse amor que Jesus oferece a seus amigos, pode-se perceber quão preciosos nós somos. Alguém arriscou a sua vida por nós porque nos ama até o fim. Quando se olha para a cruz é preciso deixar de lado todas as autoacusações, toda a minimização de si mesmo. Temos um valor incomensurável. Somos tão valiosos que Jesus morreu por nós. Seu amor é incondicional. Ele nos ama assim como somos, com nossos defeitos e nossas fraquezas. Não precisamos, pois, apontar sempre para as nossas faltas. A cruz nos mostra que tudo em nós foi assumido.

Esse amor – dizem os Padres da Igreja – não abarca somente todas as contradições deste mundo, mas também as contradições em nós mesmos. Tudo em nós é acolhido nesse amor que contemplamos em Jesus.

A mística da Paixão que nos convida a meditarmos a cruz de Jesus contempla em primeiro lugar o amor. Naturalmente vemos Cristo na cruz também como o sofredor. Mas, para a mística da Paixão, esse sofrimento era expressão do amor abrangente de Jesus. Já a Primeira Carta de Pedro o via assim: *"Cristo sofreu por vós. [...] Andáveis desgarrados como ovelhas, mas agora voltastes ao pastor e protetor de vossas vidas"* (2,21.25). A entrega de Jesus na cruz é o espaço onde nos sentimos em casa, para onde retornamos para encontrar aquele que protege a nossa alma, que cuida dela; e voltamos para a nossa casa em nós, para a nossa alma, para o nosso verdadeiro eu.

No segundo ritual você ficará de pé, com as mãos estendidas na altura dos ombros, abertas para a frente. É o gesto como Jesus é representado na cruz. Os Padres da Igreja viam nisso uma imagem de Jesus que, de braços abertos, abraça e envolve o mundo todo.

Assumindo essa posição, podemos imaginar-nos abraçando o mundo também nós. Tudo o que existe no cosmo, na natureza, no mundo todo existe também em nós. A frase latina diz: *"Nihil humanum mihi alienum"*. Significa: *"Nada que é humano me é estranho"*. Nessa posição podemos dizer: Nada que é cósmico me é estranho. Abraçamos o mundo todo. Isso nos faz sentir amplidão e liberdade. Não é mais preciso recalcar coisa alguma. Tudo o que existe em nós é envolvido no amor de Cristo. E o mundo todo está cheio do amor de Cristo.

Em nós mesmos e no cosmo apalpamos o amor de Cristo que flui da cruz e enche tudo o que existe. Assim não precisamos mais lutar contra o que quer que seja em nós: nem contra os nossos medos, nem contra as nossas invejas, nem contra a nossa sexualidade. Abraçando o amor de Cristo, abraçamos tudo o que há em nós. Tudo se transforma e se recupera. Tudo pode ser.

Talvez lhe pareça cansativa a posição com os braços abertos. Ela se torna leve quando a pessoa fica bem centrada em si mesma e abre bem os braços como que a partir do próprio centro, como a árvore que faz brotar os galhos a partir do seu tronco. Com esse gesto você abraça o mundo inteiro e também todas as suas próprias incoerências. E você abraça todas as pessoas. Você não exclui ninguém do seu amor, porque Cristo na cruz não excluiu ninguém do seu amor, porque na cruz Ele abraçou todas as pessoas.

Sábado
Enterrar coisas velhas

No sábado recordamos o Sábado Santo, quando Jesus repousa no sepulcro. Quando sonhamos com uma sepultura, é um convite para enterrarmos algo velho. Gostaria então de convidar você a um ritual de sepultamento. Reflita sobre o que você quer sepultar: que conflito, que preconceito, quais antigas mágoas, que censura a que pessoas? Escreva tudo o que vai querer enterrar. Comece simplesmente a escrever, sem pensar em determinada sequência.

Você perceberá que virão à tona muitas coisas que gostaria de enterrar. Virão à tona velhas ofensas. Tendo-as presente, você se sente totalmente no passado. Você se sente ofendido. Ou você percebe: muitas coisas não foram resolvidas. Deixei de integrar muitas coisas do passado: o não ser compreendido na família ou no grupo de amigos, o tratamento injusto sofrido na empresa, o fracasso de um relacionamento, o ser deixado de lado, o luto pela morte de pessoas queridas...

Escreva tudo o que de lastro e de coisas não resolvidas lhe vem à mente, peso morto que você continua carregando consigo. Tome tempo, vinte minutos, para registrar tudo. Releia tudo o que escreveu. Depois procure um lugar apropriado no seu jardim ou num bosque próximo. Cave com uma pequena pá um buraco e enterre nele a sua folha amarrotada. Jogue terra em cima novamente. Se quiser, poderá plantar algo aí que fique lembrando o que foi enterrado. As coisas que enterramos tornam-se adubo para algo de novo que quer florescer em nós.

Você pode também queimar a folha em que registrou todo o seu passado, depois enterrar a cinza, ou com ela adubar um arbusto ou uma flor. Permaneça ainda por um momento nesse lugar e em seguida diga a si mesmo: *"Sim, eu enterrei tudo. Não quero exumá-lo de novo. Deixo tudo aí. Mesmo que algum dia me volte à mente, não quero mais preocupar-me com isso. Eu o enterrei e enterrado deve ficar. E eu confio que Cristo também ressuscite do meu sepulcro, que me tome pela mão e me reerga, para que eu tenha parte na sua ressurreição".*

Uma outra forma de celebrar o ritual do sepultamento pode ser o gesto de abrir as mãos em forma de concha e, nelas, contemplar de novo nossa vida, com tudo o que nos possa ter machucado. Podemos então contemplar as "chagas" de nossas mãos, marcas dos cravos com os quais alguém nos prendeu a uma certa imagem de nós, ou nos amarrou e não soltou mais. As chagas das nossas mãos resultam também de situações em que alguém nos bateu, ou puxou a mão que nos sustentava e protegia, fazendo-nos cair.

Com o gesto de, em seguida, virar as mãos com as palmas para baixo, podemos refletir: Eu solto o que me pesa. Eu me livro das feridas do meu passado. Eu renuncio a usá-las como acusação contra outros ou como pretexto para não viver minha própria vida. Deixo cair nesse gesto também meus moldes de vida, que me impedem de viver:

meus perfeccionismos, minha tendência de sempre buscar a culpa em mim mesmo. Liberto-me das minhas autoacusações, minhas autoflagelações. Enterro tudo o que me impede de viver, enterro-o no sepulcro de Jesus Cristo, para que, em sua ressurreição, seja transformado e me faça ressuscitar também como pessoa nova.

Domingo
Meditar o sol

No domingo lembramos a ressurreição de Jesus. Os Padres da Igreja compararam a ressurreição de Jesus com o nascer do sol. O sol, que nasce cada manhã, era para eles um símbolo da ressurreição, na qual Jesus ilumina toda a treva no mundo e em nós com a sua luz.

Já a Carta aos Efésios cita um antiquíssimo hino cristão do batismo, em que se compara o Cristo ressuscitado com a luz que nos ilumina: *"Acorda, tu que dormes, levanta-te dos mortos; Cristo será tua luz"*. Pelo batismo nós temos parte na ressurreição de Jesus. Assim vale para nós: *"Outrora éreis trevas, mas agora sois luz no Senhor. Procedei como filhos da luz"* (Ef 5,8).

Os cristãos germânicos chamaram o primeiro dia da semana, que os romanos chamavam de *dies dominica* – dia do Senhor –, de dia do sol, *Sonntag*. Para eles, o sol era o símbolo que fazia entender a ressurreição.

Contemple hoje o sol. Se estiver fazendo sol, coloque-se nele. Deixe-se aquecer pelo sol. Imagine ver-se, através do sol, iluminado pelo amor de Deus. É o amor de Deus que lhe aquece a pele. Você se encontra no sol, todo envolvido pela luz e pelo calor do sol.

Procure ver como o sol atravessa a sua pele e aquece o corpo inteiro. No calor, você sente o amor de Deus. Deixe que essa luz entre no seu corpo todo. Você se sente inundado pelo amor de Deus. Não há mais nada em você que não seja tocado pelo amor de Deus. Esse é o mistério da ressurreição.

Os ícones da Igreja Oriental representam o mistério da ressurreição com Jesus descendo aos infernos, tomando os mortos pela mão e trazendo-os à luz. Assim podemos imaginar que Jesus, na luz do sol, toca tudo em nós com ternura e nos diz: *"Também isso pode ser. Também isso eu acolhi na minha morte e na minha ressurreição, para que se torne vida"*.

O sol não representa somente aquele amor do qual o mistério da ressurreição nos diz que é mais forte do que a morte. O sol também representa a luz. Assim podemos imaginar: Na luz do sol, Cristo toca tudo em nós, para que tudo que há em nós chegue à luz. Na luz do sol, Cristo desce a todos os espaços escuros do nosso corpo e da nossa alma, para trazer à luz e à vida tudo o que há de morto, de reprimido e recalcado em nós.

Talvez você tenha a impressão de que há no seu corpo espaços fechados, aos quais você não tenha acesso. Esses são então os espaços escuros em que se encontram coisas recalcadas, reprimidas. Talvez você tenha até mesmo receio, medo desses espaços, porque os recalques poderiam explodir um dia e fazer toda a casa da sua vida desabar. Observe como a luz do sol cai nesses recintos tenebrosos de seu corpo, nos ambientes escuros da casa da sua vida, e deixa tudo claro. A quente luz do sol pode ordenar todo o caótico e transformar o que é ameaçador em algo familiar. Você deixa de ter medo de si mesmo. Não há então nada mais em você que não seja iluminado pela luz do sol.

Para Jesus há um motivo pelo qual podemos perder todo o medo diante de nós mesmos ou de pessoas que pudessem descobrir o que há de recalque oculto em nós: *"Não tenhais medo deles. Não há nada de oculto que não venha a ser revelado, e nada de escondido que não venha a ser conhecido"* (Mt 10,26). A luz do sol da ressurreição ilumina toda escuridão, revela tudo o que é oculto. Assim não precisamos mais temer: nem o desconhecido em nós, nem as pessoas que poderiam estar cochichando sobre o que de indigno possa estar oculto atrás de nossa bela fachada. O próprio Cristo abrirá em sua ressurreição as câmaras cerradas de nosso corpo e de nossa alma, para colocar tudo o que há em nós na luz do amor de Deus.

Aquilo que mantemos oculto em nossas câmaras fechadas na verdade faz falta na nossa própria vitalidade. Muitas pessoas vivem somente uma pequena parte das possibilidades presentes nelas. Cristo ressuscitado quer chamar à vida tudo o que há em nós. Ele veio para que *"tenhamos a vida, e a tenhamos em abundância"* (Jo 10,10).

Ao deixar-se invadir totalmente pela luz da ressurreição, você consegue captar algo do mistério da ressurreição, dessa vida em abundância, desse amor que é mais forte que a morte, e da luz de Jesus que nos ilumina por inteiros.

Ritual da noite
Abraçar tudo

Rituais fecham portas e abrem portas. O ritual da manhã abre a porta para que o dia possa tornar-se um dia abençoado. Ao ritual da noite cabe a tarefa de fechar a porta do dia, para que possa abrir-se a porta da noite.

Para os antigos monges, a noite era sempre algo sagrado. Eles respeitam o silêncio da noite, pois no silêncio da noite Deus quer falar-lhes no sonho. E o silêncio da noite é o espaço em que Deus quer tocar o nosso coração. Um belo ritual da noite consiste em fechar a porta do dia cruzando os braços sobre o peito. Esse gesto tem vários sentidos. Ao fazê-lo, você não deveria meditar todos eles, mas decidir-se por um só de cada vez.

Cruzar os braços sobre o peito lembra a cruz de Jesus Cristo. O gesto da cruz é, em última análise, um gesto de abraço. Jesus diz no Evangelho de João: *"Quando eu for levantado da terra, atrairei todos a mim"* (12,32). Na cruz, Jesus nos abraça. Ele abraça todas as incoerências em nós. Ele abraça também as nossas feridas, o que é doente em nós, o que nos faz sofrer.

O gesto da cruz é uma expressão do amor com que Jesus na cruz nos amou até o fim. Cruzando as mãos sobre o peito, eu acolho o abraço de Jesus na cruz. Eu me abraço a mim mesmo, porque Cristo me abraçou na cruz.

Quero descrever quatro modos de interpretar esse abraço.

1) *Abraçar os opostos*: Porque na cruz Jesus me abraçou com todas as minhas incoerências, eu abraço em mim todos os opostos. Eu abraço em mim o que é forte e o que é fraco, o são e o doente, o inteiro e o quebrado, o bem-sucedido e o fracassado, o que foi vivido e o que não foi vivido, o que está vivo e o entorpecido, o realizado e o não concretizado, a confiança e o temor, a alegria e o luto, a esperança e o desespero, o consciente e o inconsciente, o luminoso e o tenebroso. Abraçando todos os opostos em mim, eu me aceito com tudo o que há em mim. E me despeço da ilusão de ser apenas forte, apenas sadio, apenas piedoso.

Recalcar as incoerências e agarrar-se às próprias ilusões faz mal à saúde. Quando nos aceitamos com nossos opostos porque assim somos aceitos por Cristo, torna-mo-nos sadios e inteiros e interiormente livres. Não é preciso reprimir nada. Tudo em nós pode ser aceito, porque tudo foi abraçado pelo amor de Cristo na cruz.

2) *Abraçar a criança machucada*: Nós todos temos em nós uma pequena criança. Ela grita muitas vezes quando nos sentimos feridos. A criança abandonada grita quando se trata de uma despedida, ou quando tememos que uma pessoa querida nos possa abandonar. A criança ignorada se manifesta quando hoje somos ignorados pelo nosso chefe ou nosso parceiro ou parceira.

Mas nós não somos somente crianças machucadas. Somos também pessoas paternais e maternais. E como pais e mães somos responsáveis pela criança ferida em nós. Devemos cuidar dela. No gesto vespertino abraçamos a criança machucada em nós.

Procure imaginar: Você abraça em si a criança abandonada, a criança ignorada, a criança ludibriada, a criança desvalorizada, a criança prejudicada, a criança desamparada, a criança negligenciada, a criança envergonhada, a criança rejeitada. Deixe-se conduzir pela criança machucada à criança divina em você.

Em todos nós há também a criança divina. Ela sabe muito bem o que é bom para nós. Ela representa a imagem original e não adulterada de nós mesmos, inculcada por Deus em nós. A criança divina me conduz ao espaço interior do silêncio, onde me encontro com a imagem única, intacta e indisfarçada que Deus tem de mim. Ela me mostra o límpido brilho de Deus em mim. A criança divina me leva ao espaço do silêncio, onde posso sentir-me livre, são e inteiro, original e autêntico, claro e puro e em casa.

Ao abraçar a criança machucada e deixar-me conduzir por ela à criança divina em mim, eu me acalmo. A criança ferida não grita mais em mim. Ela se acalma em minhas mãos protetoras. E a criança divina me faz sentir gratidão pela minha vida, sã e inteira, original e preciosa, apesar de todas as feridas e mágoas.

3) *Abraçar o dia que passou*: Eu abraço tudo o que vivi no dia de hoje. E renuncio a julgar tudo o que foi. Deixo que Cristo abrace tudo, e também eu o abraço: Abraço os encontros que me enriqueceram ou me machucaram, minhas reações ade-

quadas ou inadequadas, meus sucessos e minhas derrotas, minha tranquilidade e minha inquietação, o que pude realizar e o que adiei, a boa convivência e os conflitos. Eu abraço todo este dia e o entrego a Deus.

4) *Abrigar-se nos braços de Deus*: O gesto do abraço também me lembra que na noite eu me deixo cair nas mãos amorosas de Deus. Eu me vejo nesta noite nas mãos acolhedoras de Deus. Essas mãos me sustentam. Nelas eu me sei protegido, seguro e amado. Eu não preciso autoafirmar-me. Eu posso sentir-me livre. Eu posso libertar-me de todos os cuidados e temores e abrigar-me nas mãos maternais de Deus.

As mãos de Deus são também mãos que abraçam. Do mesmo modo como eu me abraço agora, Deus vai abraçar-me nesta noite. Suas mãos vão proteger-me e amparar-me, vão abraçar-me amorosamente.

Seja qual for a meditação que eu tenha feito, concluo o ritual da noite com uma antiga bênção vespertina, de mais de 1.600 anos. São essas palavras tão antigas que ainda me tocam hoje. São palavras de ternura maternal. Uma bênção é sempre também a maternal ternura de Deus para conosco.

Rezo então lentamente: *"Visitai, Senhor, esta casa, e afastai as ciladas do inimigo; nela habitem vossos santos anjos, para nos guardar na paz, e a vossa bênção fique sempre conosco. Por Cristo, Nosso Senhor. Amém"*.

CULTURAL

Administração – Antropologia – Biografias
Comunicação – Dinâmicas e Jogos
Ecologia e Meio Ambiente – Educação e Pedagogia
Filosofia – História – Letras e Literatura
Obras de referência – Política – Psicologia
Saúde e Nutrição – Serviço Social e Trabalho
Sociologia

CATEQUÉTICO PASTORAL

Catequese – Pastoral
Ensino religioso

REVISTAS

Concilium – Estudos Bíblicos
Grande Sinal
REB – SEDOC

TEOLÓGICO ESPIRITUAL

Biografias – Devocionários – Espiritualidade e Mística
Espiritualidade Mariana – Franciscanismo
Autoconhecimento – Liturgia – Obras de referência
Sagrada Escritura e Livros Apócrifos – Teologia

PRODUTOS SAZONAIS

Folhinha do Sagrado Coração de Jesus
Calendário de Mesa do Sagrado Coração de Jesus
Agenda do Sagrado Coração de Jesus
Almanaque Santo Antônio – Agendinha
Diário Vozes – Meditações para o dia a dia
Guia Litúrgico

VOZES NOBILIS

Uma linha editorial especial, com importantes autores, alto valor agregado e qualidade superior.

VOZES DE BOLSO

Obras clássicas de Ciências Humanas em formato de bolso.

CADASTRE-SE
www.vozes.com.br

EDITORA VOZES LTDA.
Rua Frei Luís, 100 – Centro – Cep 25689-900 – Petrópolis, RJ
Tel.: (24) 2233-9000 – Fax: (24) 2231-4676 – E-mail: vendas@vozes.com.br

UNIDADES NO BRASIL: Belo Horizonte, MG – Brasília, DF – Campinas, SP – Cuiabá, MT
Curitiba, PR – Florianópolis, SC – Fortaleza, CE – Goiânia, GO – Juiz de Fora, MG
Manaus, AM – Petrópolis, RJ – Porto Alegre, RS – Recife, PE – Rio de Janeiro, RJ
Salvador, BA – São Paulo, SP